Драгутин Минић

МИНИ
ПРИЧЕ

ПРОСВЕТА
2014.

ВИШЕСЛОЈНИ АПСУРДИ

На предлог писца, прихватио сам се обавезе да прикажем његову најновију збирку кратких сатиричних прича *Мини приче*, са циљем да је препоручим читаоцима, што и јесте сврха сваког предговора. И одмах да кажем: препоручујем је, јер сам се током читања смејао у себи, на моменте гласно, а у, не ретким тренутцима, са горчином над животним истинама које су ми предочавале ове књижевне цртице. Био сам и озарен и поражен углом гледања на живот који ми је писац одредио, а и открио као другојачије виђење живота.

Пред мојим духом се нашао један вишеслојни литерарни рад сачињен од четрдесет наслова који се могу читати и лако и брзо. Мој савет је: читајте споро и предано да ваш смех не би био церекање, већ последица литерарне катарзе, благости душе, од наслага животних неподопштина и његових нижих друштвених вредности. Смех се у овом раду твори апсурдима каквим обилује сваки наш дан са свим активностима које нас одређују. Писац доследно, предано и вешто слаже речи супротстављајући њихова појмовна значења; смејемо се њиховом узајамном негирању, међусобном разарању садржаја, а истовремено њиховој конструктивној, литерарној, условљености и спојености. А смех се јавља као свест о новој, књижевној стварности што се гради нашим проласком од речи до речи, од реченице до реченице... да сазнајемо и осећамо њихову стварност, иако је она, како се чини, на први, или површни поглед, супротна сваком, нашим животима уобичајеном, услову стварности. Смех је инверзни, у пишчевом извођењу, одговор на душевну принуду која је објективна чињеница наших живота.

У Минићевом писању хуморно је најбољи критеријум истине.

Двосмисленост, двозначност, или противречност (и јесте и није у исто време) која читаоца у први мах збуњује и онеспокојава, да би брзо препознавање: познатог у непознатом, безопасног у претећем, безначајног у значајном или обратно, брзо разрешење учињене противречности условило пријатно осећање пропраћено смехом који значи успостављање и духовне и телесне равнотеже.

Пролазећи кроз литерарно ткиво, може се закључити, као и из свакодневног живота од кога Минић полази, да објекат смешог чини мноштво призора, појава, својстава... присутних у свакодевици наших живота и напора да живимо како бисмо преживели.

Ово је начин и искуство мог читања четрдесет кратких прича књиге Драгутина Минића–Карла *Карлове минијатуре* и покушај да предочим будућем читаоцу њихову за душу лековиту страну, а о могућим нежељеним последицама консултовати се са актуелном владом, или у неком од партијских одбора.

Мирослав Јокић

Власт и народ су једно.
Грађани су нешто друго.

ТАЈНИ АГЕНТ

Два човека су седела за истим столом у аеродромском ресторану и чекали своје летове. Нису се познавали. Један је имао упадљиву значку на реверу, која је привлачила пажњу оног другог. На беџу је писало „Тајни агент". Овај други није могао да издржи:

– Извините, господине, да ли је то заиста значка тајног агента?

– Да, као што видите – одговорио је први.

– Али, како сте тајни агент, ако сви то знају?

– Па, влада је спровела потпуну транспарентност. Све мора да буде јасно и пред очима јавности – објаснио је носилац значке.

– Али, како обављате свој посао? – био је знатижељан други.

- Лепо, измишљам извештаје. Ионако готово нико то не чита, поред свих сателита и Викиликса.

- Како измишљате? – интересовао се саговорник.

- Ево овако: ви идете у Лондон, колико видим вашу карту, онда напишем у извештају да сте пошли тамо да се повежете са непријатељима државе и да планирате разне терористичке делатности...

- Па, то је нечувено! – узнемирио се други.

- Није то ништа, не брините. Него, реците ми ваше име и адресу - замолио је агент саговорника када је устао са стола.

- Зашто вам то треба? – упитао је други.

- Како зашто? Па, да напишем извештај – мирно је одговорио тајни агент.

БРАВАР

Дечак је стао испред оца, и одлучним гласом рекао:

– Кад порастем, бићу бравар!

– Откуд то? – чудио се отац.

– Гледао сам на телевизији како је један бравар постао цар. Имао је и брод, и бели двор, и луксузне ауте... Чак су му високи официри носали две беле пудлице.

Отац се дубоко замислио, а затим пренуо:

– Да, да, био је чудесни бравар. Измислио је златни кључић за сва врата. Нажалост, пред смрт, откључао је сва врата, а кључ бацио у реку.

– И шта се онда догодило, тата? – био је радознао дечак.

– Ништа, онда смо сели у тракторе и дошли овамо, у Србију - рекао је отац сневесело.

ДЕСЕТ НОВИХ ЗАПОВЕСТИ

Онај паметни чова што је рекао да све тече, све се мења, био је у праву. Па чак и непроменљиве ствари, као што је Библија, мало се модернизују. Додуше, та модернизација је трајала вековима, јер су Десет Божјих заповести хришћани мало другачије превели са хебрејског. На снази је, дакле, трећа ревизија. Десет Божјих заповести у 21. веку овако се тумаче:

• Ја сам господ Бог твој и немој имати друге богове... Јер те ја запошљавам и ја ти дајем плату.

• Не прави себи идоле нити се клањај другим ликовима... Ту се изузимају поп певачи, фудбалери, тенисери.

• Не узимај узалуд име господа Бога свог... Јер ти, у овој транзицији, ни он не може помоћи.

• Сећај се дана одмора да га светкујеш... Како да се не сећаш кад су то били дани уз божићно прасе и првомајско јагње.

• Поштуј оца својега и мајку... Али и бабу и деду, јер од њихове пензије зависиш.

• Не убиј... Ова заповест не важи за земунски, сурчински клан и остале кланове.

• Не чини прељубу... Осим ако ниси у ријалити програму.

• Не кради... Ако ниси у неком јавном предузећу.

• Не сведочи лажно... То можеш само ако си заштићени сведок.

• Не пожели ништа што је туђе... Ову заповест би требало брисати, јер све што пожелиш, данас је туђе.

Дакле, Бог се није променио, али су се променили људи, па ако Господ жели да и даље буде на врху, то јест небу, нека се бори за сваки глас.

РАЗРЕШЕЊЕ ПОСЛАНИКА ЛОПУШИНЕ

– Изволите, господине, ваше име? – чиновник у канцеларији за жалбе и преставке скупштине био је веома љубазан.

– Ја сам посланик Родољуб Роби Лопушина... – тек што се представио, чиновник зину од чуда и несигурним гласом запита:

– Да ви нисте онај Роби Лопушина, чувени лопов и фалсификатор, о коме су све новине писале?

– Да, да, тај сам – мирно је одговорио посланик Лопушина.

Збуњени чиновник једва промуца :

– Откуд ви у посланичкој клупи?

– Ето, имам иза себе пуно поштовалаца и гласача, па ме узеше.

Када се мало прибрао, чиновника запита:

– Шта сте хтели, господине Лопушина?

– Хоћу разрешење функције посланика – опет мирно рече Лопушина.

– Зашто, побогу, па то је лепо место, са добром платом и – додаде са значајним погледом – имунитетом?

– Плата није богзна каква, а имунитет ми не треба, јер радим углавном у иностранству. Лепо ми је отац рекао, кад сам га ономад обишао у затвору, да се манем ћорава посла, јер нисам дорастао томе.

– Како нисте дорасли? – упита чиновник забезекнуто.

Посланик Лопушина се нагну ближе саговорнику и мало сниженим гласом рече:

– Ја сам, ортак, за ове овде пуки аматер.

КАРИКАТУРЕ

Ово се све дешавало пред Нову годину. Главни уредник је наложио младом и талентованом карикатуристи да, за новогодишњи број, направи портрет карикатуре свих водећих политичара.

- Пази, да даш све од себе и извучеш њихов карактер - рекао му је.

Млади цртач се намерио на посао са великим жаром. Када је дошао дан за закључивање броја, у редакцију је ушао талентовани карикатуриста. С празним блоком под мишком. Главни уредник није могао да верује шта се дешава:

- Дечко, па две стране су резервисане за те карикатуре, а ти ми доносиш празан блок! – урлао је - Шта се то, побогу, десило?

- Сећате ли се да сте ми наложили да из сваког од њих извучем карактер...

- Да, па?

- Шефе, верујте ми, они немају карактер.

МЕДИЈСКИ РАШОМОН

У недељу, на централном градском тргу, заказан је велики политички митинг на којем би требало да говори и вођа нације. Извештаји са тог митинга су се врло мало, готово незнатно разликовали:

Режимски медији:

„Свенародни митинг је био величанствен. Стотине хиљада људи је овацијама поздрављало сваку реч нашег вође, који је апеловао на свест грађана и позвао их да подрже ову власт која је, несумњиво, донела просперитет државе. Митинг је окончан народним весељем, уз учешће бројних естрадних уметника.“

Опозициони медији:

„Свега стотинак грађана се окупило на тргу да чују фразе које је изговарао лидер.

Атмосфера је била депримирајућа, а повремено су се чули и звиждуци незадовољних грађана.“

Страни медији:
„У Србији је данас требало да се одржи митинг подршке вођи нације, али је невреме спречило окупљање грађана, па је ова манифестација одложена за неке боље временске услове.“

Путујемо у европску будућност, али наша прошлост је одбила да крене са нама.

ОПИЈУМ

Стари комунистички кадар, који је, у своје време, жарио и палио на политичкој сцени, омекшао је под старе дане. Једнога дана, позвао је двојицу својих синова и свечаним гласом им објавио како је ревидирао своје тврде ставове.

– Децо, учио сам вас да је религија опијум за народ, па тако нисмо славили ни крсну славу, ни црквене празнике. Мислим да је време да се вратимо коренима, да почнемо да славимо и Светог Николу, Божић и Ускрс – казао је покајничким гласом.

Синови су лежерно седели на троседу, полузатворених очију. Један је лењо одмахнуо руком:

– Касно је, ћале!

– Како касно?– био је запрепашћен отац.

– Па, целог живота си нас учио да је религија опијум за народ и ми смо се тога држали. Бежећи од религије, отишли смо у другу крајност – некако безвољно је рекао син.

– Какву крајност? – зачудио се отац.

– Сада је, ћале, опијум постао наша религија – рекао је други син и повукао дубок дим.

ДЕВИЈАЦИЈА

Повећа група млађих људи, са транспарентима и моткама, јурила је улицама нсрећника који је био престрашен и сав усплахирен. Али, био је брз, спасавајући живу главу. Гомила је застала једног тренутка, како би мало повратила дах. Утом, наишао је старији човек и запитао их је:

– Зашто јурите оног несрећника, шта вам је скривио?

Вођа гомиле је узвратио бесно:

– Стићићемо га кад-тад. То су они са другачијом сексуалном оријентацијом. А има их неколико у граду.

– Немојте тако, то је болест – чича је рекао помирљивим гласом.

– Ако је болест, нека се лече, а не да нам стављају прст у око и пропагирају своје девијантне идеје. Нека седе иза четири зида и

то раде са својим женама, да нико не види
– рекао је вођа и наставио:
    – Доста нам је тих хетеросексуалаца.

ДУША ОД ЧОВЕКА

Пред Светим Петром у Чистилишту стајао је човек звани Душа Од Човека. Анђели су га довели, тврдећи како први пут у каријери имају овакав случај. Душа Од Човека је, наиме, одбијао да иде у Рај, иако је имао све референце за такав смештај.

– Човече, шта те је спопало? Зашто нећеш у Рај кад из твог досијеа видим да никада ниси згрешио? – питао је Свети Петар запањено.

– Свети оче, целог свог мизерног живота сам се клонио неприлика, поштовао сам и људе и законе, молио се Богу, волео своје ближње, жртвовао се за њих...

– Живео си, дакле, као сваки добар човек и хришћанин – прекинуо га је Свети Петар – и шта је ту погрешно?

– Не знам шта је погрешно, али цео свој живот сам проживео као пас, баш зато што сам поштовао и божје и земаљске законе.

– И, шта би сад хтео? – упитао га је помало нервозно светац.

– Хтео бих у Пакао!

– У Пакао!? Јеси ли ти при свести?

– У Паклу имам много више познаника и рођака, и тамо је све само не досадно.

– Јеси ли сигуран? – упитао га је Свети Петар још једном.

– Потпуно. Сад кад сам мртав, хоћу да живим као човек!

НАФТА

Једна новинарка је постављала питања америчком пуковнику, усред ирачке пустиње. Нехајно наслоњен на џип, пуковник је самоуверено одговарао.

- Шта тражи Америка на другој страни света? - била је љубопитљива новинарка.

- Па, штити своје националне интересе – мирно је одговорио пуковник.

- А који су то интереси? – била је упорна репортерка.

- У првом реду демократија – одговорио је пуковник.

- И шта још? – наставила је новинарка.

Утом, војник који је сипао нафту у резервоар џипа, испусти канту и поли панталоне пуковника.

- Шта је ово, неспретњаковићу? - побеснео је пуковник.

– Нафта, сер, нафта – збуњено је одговорио овај.

Новинарка се окренула и пошла, када је пуковник заустави:

– Чекајте, нисте чули одговор.

– Управо сам га чула, пуковниче – рече она и удаљи се.

ЧАСТ

Млади писац је, са запрепашћењем, читао нову, тек награђену књигу познатог писца. Видео је у њој цео један део своје књиге. Од речи до речи. Одмах је пробао да узбуни културну јавност, али без већег успеха. Зато је на великом скупу писаца изнео свој проблем. Присутни мајстори пера су га гледали помало сажаљиво, помало увређено.

– Како те није срамота да блатиш великог српског писца? – одбрусио му је један од њих.

– Можда си, момче, ти од њега украо – био је сумњичав други.

– Ма, буди срећан ако је уопште прочитао твоје жврљотине – огласио се четврти...

– Требало би да ти је част што те узима у обзир једно такво име – рекао је пети.

И тако редом. Млади писац је остао пренеражен и готово посрамљен. Док су се сви разилазили, други један познати писац му је ставио руку на раме:

– Дечко, не очајавај. Настави да пишеш, има још познатих писаца, можда ће ти неко опет указати част.

РОБА

Човек у скупом оделу и са златним ро-
лексом на руци одбио је дим из дебеле ци-
гаре и значајно погледао свог саговорника:

– Знате, господине, то је првокласна роба.

– Да, али цена је мало превисока – неђ-
као се други.

– Вреди толико, верујте ми – био је упо-
ран понуђач.

– Али, чуо сам да има мало и оштећених
комада – вртео је главом други.

– Има, додуше, али се све то да репари-
рати. Не заборавите, то је прва класа! – на-
ставио је да хвали своју робу први.

– Ипак бих желео да видим робу. Разу-
мем ја вас, како се оно каже: газда лаје, а
роба говори.

– Шта има да говоре, њихово је да играју
фудбал – закључио је први.

КАКО САМ УБИО
СВОГА ДЕДУ

Деда је већ почео да ме смара причама о јунаштву нас Срба, а посебно наше породице. Стално ми је напомињао да се манем некаквих других занимања, већ да се спремам за официра, као деда, као прадеда, као чукундеда... Говорио је како поштује лекаре и професоре, али све су то „трице и кучине“ према униформи. Посебно сабљи.

– Запамти – говорио ми је – кад порастеш бићеш јунак, то јест, официр.

А нас децу је привлачио момак са петог спрата. Био је најмодерније одевен, возио „мини купер“, говорио више светских језика, био љубазан према деци, а често је са нама играо баскет у дворишту. Били смо очарани њиме.

То се није допадало ни мами, ни тати, а посебно деди. Мама и тата су, чини ми

се, били помало љубоморни на тог успеш-
ног момка, који је радио у некој невладиној
организацији и имао пуно пара. Деда је са
бесом у гласу тврдио како је у питању стра-
ни плаћеник. Нисам тачно знао шта то
значи, али, колико сам видео, било је добро
занимање.

Те зиме, деда се тек опоравио од грипа,
кад нам је дошла слава. Очекивали смо го-
сте, а деда ме је строгим гласом упозорио:

– Кад те буду питали шта ћеш бити кад
порастеш, знаш шта треба да одговориш,
зар не? – био је више него озбиљан. – Пази,
биће ту и наши рођаци са села.

И када ме је некакав мој рођак, иначе
дедин исписник, питао шта ћу да будем кад
порастем, збунио сам се и чуо себе како
кажем: Бићу страни плаћеник! Гости су се
немо загледали, а деда се ухватио рукама за
груди и скљокао низ столицу.

На дединој сахрани, људи су прилазили
ковчегу, крстили се и палили свеће. А онда
сам претрнуо, ка ковчегу се упутио комшија
са петог спрата. Помислио сам, у тренутку,
да ће деда то да схвати као провокацију, да

44

ће скочити из сандука да задави комшију. А комшија је само достојанствено пришао сандуку и на поклопац спустио једну црвену ружу.

Деда се није ни померио.

Неко претражује по Гуглу,
а неко по контејнеру.

ЈАВНИ НАСТУП

Човек је дрхтао од треме. Већ се данима нећкао како да наступи. Шта ако га комшије и пријатељи препознају. Па још и колеге, умро би од стида. Није шала наступити јавно.

Дуго се тако премишљао. Час је био одлучан, час би одсутао. У глави му је зујало од помисли да пукне брука по граду.

А онда је одлучио. Стиснуо је зубе, дохватио торбу за пијацу, изашао на улицу и пришао контејнеру.

Преломио је у себи. Више није марио да ли ће га неко видети и препознати. Узео је један штапић и почео да претура по садржају тражећи бар неке остатке хране.

ЖИВОТНА УЛОГА

Режисер је, на проби позоришног комада, више пута враћао глумца у зрелим годинама:

– Не, не тако. Више уверљивости. Твоја генерација је научила да се све одигра са трагичном нотом, да не кажем патетично. Пробај да будеш уверљивији!

Глумац је покушавао и покушавао, али редитељ је увек био незадовољан. Никако није желео глуму на сцени, већ сам живот. Онако, огољен. Но, са овим глумцем то није ишло, а у ансамблу није имао кога другог. Зато је са стрепњом очекивао најављену премијеру.

Пред премијеру, обишао је шминкерницу и бодрио глумце. Застао је код оног кога је највише критиковао.

– Молим те, уживи се. Одиграј ту сцену умирања онако како треба – уверљиво – готово је молио.

Премијера је била изузетна. Сви су играли као у трансу. Поготово онај поменути глумац. Одиграо је умирање толико уверљиво, да се није померио и када су одјекивали аплаузи, а глумци се клањали публици.

– Устај, био си, напокон, уверљив – вукао га је за руку редитељ.

Глумац се није померио. Најзад је одиграо животну улогу.

КОНТРАЦЕПЦИЈА

- Имаш ли, сине, какву девојку? – питала је мајка брижним гласом.
- Имам, мама, имам- одговорио је син готово поносно.
- Лепо, лепо. А каква је? – била је радознала мајка.
- И лепа и паметна - рекао је син.
- Добро, сине, уживајте. Само, будите опрезни, да не затрудни. Још сте млади и за женидбу и за децу - саветовала га је мајка, са бригом у гласу.
- Не брини, мама, нема теоретске шансе - одлучно је рекао син.
- Како нема теоретске шансе? Да ниси недајбоже...? - питала је мајка уплашено.
- Нема, нема, ми се забављамо преко Фејсбука!

ЗАСИЋЕЊЕ

Неколико средњошколаца је седело у кафићу и пребирало по својим ајфонима. Нису много разговарали, а поготово нису обраћали пажњу на неколико баш згодних девојака за суседним столом. Један четрдесетогодишњак, упадљиво модерно одевен, гледао их је радознало и најзад им се обратио:

– Момци, зар вас девојке не интересују? Ех, моја генерација није пропуштала прилику да освоји неку женску. Били смо прави ловци на женска срца. Шта је то са вама?

Један момак га је погледао овлаш и некако преко рамена добацио:

– Прошло нас је то, човече. Сада су у моди Фејсбук, фудбал, кладионице, трава...

Па кад сте пре стигли да се сексуално иживите? – чудио се кицош.

– У основној школи, брале, још у основној школи – одговорио је момак нехајно.

НАПОЛЕОН

Наполеон Бонапарта је из своје лежаљке на тераси гледао оближњу шумицу.

– Хм, шумица – помислио је. – Моји војници би лако ушли међу дрвеће, али... Њихов беспрекорни поредак пореметио би густиш. То би неки герилци искористили за напад. Зато, мислим да је најбоље да се овакве шумице обилазе, макар прешли и који километар више. Сигурније је – утонуо је у размишљање и тактичке комбинације. А онда је погледао у сунце које је већ одскочило и пренуо се:

– Аух, закаснићу за ручак. Убиће ме Жозефина – рече и журно се упути у трпезарију.

Тамо га је сачекала једна крупна жена у белој униформи, ухватила га под руку и повела према столу, мрмљајући успут:

– Царе, царе, колко је то сати? Опет си закаснио на ручак. Остали пацијенти већ завршавају обед.

ЛЕТАЧ

Младић је успео да дође до канцеларије директора великог циркуса, смештене на последњем спрату једног облакодера. Неколико пута су већ одбијане његове предложене тачке, али је решио да уђе у циркус пошто-пото. Када је његову нову тачку дебели директор циркуса, са такође дебелом цигаром у устима, опет одбио, готово у очајању је тврдио да уме да лети. Директор се само насмејао, а младић се решио на једну помало грубу осветничку шалу. Закорачио је кроз отворен прозор на симс. Директор се ни тада није узбудио. Опет се насмејао и тако пропустио тренутак када се момак оклизнуо и полетео у амбис. Директор је видео само како овај пролеће раширених руку. Од дебелог симса није видео ништа доле, а када је погледао увис, учинило му се да је једна тамна сенка замакла за облак. Ударио се руком по челу, сео за сто и дрхтавом руком наточио виски. Када је у канцеларију ушао његов помоћник и питао где је кандидат, директор, са главом међу шакама, само је процедио:

– Одлетео је, одлетео. Каква сам будала, пропустио сам сензацију века. Људима, ипак, треба веровати.

А доле, на плочнику, болнички ауто је одвозио тело несрећног момка.

Диогене, изађи из бурета, стиже купус!

ДИОГЕНОВА ГРЕШКА

Једне вечери, Диоген из Синопе, изашао је из свог бурета, где је живео у самом центру Атине. Вртео је дугом косом и нешто мумлао себи у браду. Био је, очигледно, веома узнемиреен. Упалио је фењер и подигао га изнад главе. Пролазници су га гледали у чуду, а када је неко запитао шта тражи, Диоген је одговорио мало повишеним гласом:

– Тражим човека!

Један старац, који је управо пролазио, запитао је првог пролазника :

– Шта ради онај лудак?

– Каже да тражи човека – слегнуо је раменима пролазник.

Старац се упутио ка Диогену и добио исти одговор.

– Филозофе, тражиш човека на погрешном месту – међу људима – рекао му је и удаљио се од збуњеног Диогена.

НА МОСТУ

Човек је седео на ивици чувеног Бран-ковог моста, са којег су многи отишли са овог света.

Одједном је с једне стране чуо неког чи-чицу како му циничним гласом говори:

- Хајде, шта чекаш? Скачи!

С друге стране, полицајац је трчао пре-ма њему и усплахирено викао:

- Немој, друже! Стани!

Човек их је зачуђено погледао и слегнуо раменима. Затим је дохватио четку и наста-вио да фарба мост.

КАЦИГА

Човек је утонуо у дубок сан. Сањао је како су га отела нека бића из свемира, како су му на главу ставили као некакву кацигу са стотину прикључака. И одједном, могао је са њима да комуницира. Летели су много свтлосних година и стигли у нешто што је личило на рај. Све време се осећао блажено. Све док се није пренуо из сна, махинално опипавши главу.

– Ау, какав сан – излетело му је.

Још под утиском тог сна, пошао је да купи новине и да се подшиша. Када му је фризер размакао подужу косу, закључио је:

– Ви мора да сте или војник, или полицајац, или ватрогасац у најмању руку – рекао је.

– Зашто то мислите? – запитао је човек.

– Па, на глави, некако укруг, имате танку линију модрица, као да носите шлем или кацигу. Или тако нешто.

УЗДАХ

Жена је сишла са воза и упутила се у град да тражи посао у тамошњој великој рафинерији. Ходала је ужурбано, али је једног тренутка успорила корак јер је осетила некакво гушење у грудима. Села је на клупу у парку, да предахне. Није могла да не мисли на последњу несрећну љубав. Да ли ће се икада тако заљубити да јој застане дах кад га види? Можда никада више, помислила је.

Утом, на други крај клупе је сео један сасвим обичан младић. Она га је погледала овлаш, али дах јој је изненада застао. „Боже, да ли је то опет", помислила је. Гледала га је упадљиво, тешко дишући и повремено губећи дах.

Момак као да је читао њене мисли:

– Госпођице, није ово то што мислите – обратио јој се.

– Него? – зачудила се.

– Госпођице, налазимо се у Панчеву.

ГЛУВИ ТЕЛЕФОНИ

На једном седишту у трамвају седео је симпатични чичица са наочарима и слушним апаратом у уху. Поред њега је био ошишани момак са слушалицама ајпода у оба уха, незаинтересовано гледајући кроз прозор. Чичица га је радознало гледао, па једног тренутка упита:

– Тако млад, а већ имаш проблем са слухом. Шта ти је то у ушима, дечко?

Момак га није чуо, па је помислио да га пита шта то слуша.

– Металику, чико – одговорио је лежерно.

– А, метелне. Моје су слушалице пластичне – наставио је чича.

– Да, да, волео сам и ја Пластик бенд, али сад слушам само Металику – одговорио је момак.

– Па да, разумем, ипак је метални апарат бољи – био је упоран чичица.

– Опа, чико, и ви се разумете у музику – одушевио се момак.

Чичица је схватио да га момак хвали, па се мало испрси.

– Него шта, ништа без искуства. Хајде здраво, лепо смо се испричали – рекао је чичица и сишао на првој станици.

МАЈСТОР

Страхиња је био лепушкаст и сувоњав момак, али одличан студент и гитариста. Имао је довољно шарма да су га девојке опседале, што је сметало осталим момцима. Посебно оним жешћима из краја, који су решили да га мало пропусте кроз шаке.

Неколико пута је успевао да их избегне, али тог поподнева нашао се са њима очи у очи. Седео је у једном кафићу усред парка, клатио се на столици и полако пијуцкао милк шејк, кад су пред њега хрупили опасни момци и њихов вођа, звани Чеда Роки.

– Е, сада ћемо да ти дамо малу лекцију из мушкости, ти, сека персо – рекао му је Роки.

Страхиња је претрнуо, али је задржао хладнокрвност:

– Пазите, морам да вас упозорим: ја сам мајстор и за карате и за џудо – чуо је свој глас у том бунилу.

Роки се грохотом насмејао, што су прихватили и остали момци из банде. Затим је пришао Страхињи и погодио га песницом у главу. Падајући на леђа и млатарајући ногама, сасвим случајно је врхом десне ципеле звизнуо Рокија у браду. Овај се само срушио на земљу, док су се остали момци дали у бекство. Страхиња је узео чашу воде са стола и дрхтавом руком полио Рокија, који је затресао главом, гледајући га у чуду.

– Где си научио те ударце – питао је несигурним гласом Страхињу.

– Тамо где треба – одговорио је тобож нехајно овај, док му срце лупало као бубањ.

Утом је поред њих прошао чувени шампион у каратеу и видевши момка на земљи, запитао: – Шта се овде дешава?

– Ништа, колега, мали неспоразум. Ајде здраво, видимо се вечерас на тренингу – рекао је самоуверено.

Шампион је момка, кога први пут види, погледао са чуђењем, слегнуо раменима и продужио даље. Роки је још једном зинуо од чуда, гледајући Страхињу како се удаљава.

Прича о овом догађају се брзо проширила, не у крају, него у целом граду. Од тада, жестоки момци су избегавали да се замере „оном жгољавку“.

РОГОЊА

Традиционална сезона лова прослављена је у селу. Овећа група ловаца кренула је у шуму на јелене. Били су то углавном комшије, пријатељи, кумови, свакојака родбина... Само је нови учитељ био новајлија у свему томе. Тумарали су шумом, али јелена нигде. Двојица пријатеља су застала на једном пропланку да запале по цигарету и оговарају заједничког комшију чију је жену често посећивао један од њих, кадгод муж није био у кући. Смејали су се комшијиној неспретности и у кревету и у лову. Док су се слатко смејали, грмље зашуштало, а један од њих рече:

– То је сигурно онај рогоња – рече један.

Нису ни приметили новог учу који им се придружио и који је чуо само последњу реч рогоња, а затим брзо подигао пушку и опалио у правцу грма.

Ја сам Србин,
а од чега ви болујете?

РАНИ ЈАДИ

Седели су на клупи у парку. Младић је загњурио главу у крило старије жене и болно јецао. Рамена су му се тресла од плача. Прошла је једна старица и сетно уздахнула:

– Ништа без мајчинске љубави и мајчинске утехе. Каква дирљива слика- помислила је.

Младић је и даље плакао, када су прошла два дерана:

– Види мамину мазу, цмиздри у мајчином крилу. Како га није срамота од пролазника – рекао је један од њих.

Старија жена је миловала момка по коси, а онда нагло устала:

– Овако не иде, драги. Сувише је велика разлика у годинама. Наша љубав нема будућност. Зато, збогом!

ЏЕЛАТ

Тог дана, џелат се враћао са посла веома нерасположен. Није одрадио ниједну главу, а то га је чинило и помало нервознима. Да би се мало опустио, свратио је на пиво. И остао до дубоко у ноћ.

Пред зору се вратио кући и затекао жену будну и спремну за свађу:

- Где си до сада? Где то боравиш целу ноћ? - питала га је повишеним гласом.

- Пусти ме, жено, није ми ни до чега - одмахнуо је руком.

- Да, да, није ти ни до чега, а смуцаш се по сумњивим местима - била је упорна и наставила - Мора да имаш неку женску, а? То је, знала сам. Могу да се кладим да имаш неку. Ево, главу дајем да је то истина.

Главу дајеш? изненада упита џелат.

- Да, да, кладим се у то и главу дајем - рекла је жена.

- Е па, изгубила си опкладу - рече џелат и замахну секиром.

ОТАЦ

Политичар је био све запосленији. Седнице, делегације, путовања у иностранство... А ту су били и луксузни аутомобили, авиони, скупи хотели, пријеми... Ван земље и куће било је свега што је као млад прижељкивао. Виски, скупе даме, казина и све што је он сматрао правим животом.

Када се са једног дужег путовања свратио кући, затекао је у дневној соби једног наочитог момка, коме су тек ницали бркови.

– Ко си ти? Шта ћеш ти овде? – упитао је строго и неповерљиво.

– Здраво, тата, како си путовао? – узвратио је момак.

СЛАВА

Миливоје Шћепановић је целог свог комунистичког и социјалистичког живота инсистирао на братству, јединству и једнакости. Критиковао је оне другове којима је религија преча од поменутих начела. Није славио славу, није обележавао ни Ускрс, ни Божић, а поготово није ишао у цркву.

Кад се време променило, он је остао затечен и збуњен. Није хтео да буде мимо света, који се, иначе, вратио вери, а опет... Када би га какав пријатељ или комшија упитао:

– Спремаш ли Божић? – одговарао би некако неразговетно: Па, знаш, ови моји нешто...

– Славиш ли Ускрс? – питао га је један.

– Овај, моја жена фарба јаја и тако то...

Када су га упитали да ли слави славу, није могао да врда. А онда се снашао и уздигнута чела рекао:

- Не. Ја сам увек био за равноправност и једнакост. Према томе, нећу ниједног свеца да издвајам, мени су сви једнаки.

НАЈБОЉИ ЧОВЕКОВ ПРИЈАТЕЉ

Кад сам као дечак био код стрица на селу, та седа старина ми је улила у главу неподношљиву дилему: шта је старије кокошка или јаје. Стриц је имао једну стару кокошку, која је, по мом мишљењу, била старија и од јајета из којег се излегла. Није била ни за супу.

– Кокошка је старија – одговорио сам стрицу.

– А из ког јајета се излегла? – стриц је био немилосрдан.

И тако су пролазиле године, а ја нисам одгонетнуо ту планетарну енигму. После ми је било лакше кад сам сазнао да нико на свету још није то одгонетнуо. Али, зато сам лично решио једну другу светску дилему: Ко је најбољи човеков пријатељ књига или пас. Био сам главу доста дуго.

Најзад ми је синуло: Еурека! Најбољи човеков пријатељ није ни само књига, ни само пас, већ књига о псима, на пример „Бели очњак“ или „Леси се враћа кући“.

Био сам толико срећан и поносан на себе због овог епохалног открића, да ми је дошло да машем репом.

ПЕРА ЂУБРЕ

Петар Јовановић и Петар Станковић су били суседи и сви около су различито гледали на њих. Пера Јовановић је био аљкав, бацао је смеће преко прозора, пикавце гасио у ходнику зграде, стари „стојадин" му је увек био прекривен блатом, одело изгужвано, коса неуредна... Кажу да се купао само у ретким ситуацијама.

Пера Станковић му је био сушта супротност: увек елегантно одевен, зачешљан, „мерцедес" му је блистао, смеће је уредно бацао у контејнер, гунђајући што тамо неки не воде рачуна о хигијени и екологији.

Један новодосељени, када је чуо надимке у комшилуку, мало је завртео главом:

– Знате, нема смисла да господина Јовановића зовете Пера Ђубре.

– Па, и не зовемо га – одговорили су суседи.

– Ко је онда Пера Ђубре? – питао је овај збуњено.

– Пера Ђубре је онај Петар Станковић.

– Онај фини господин!? Немогуће – чудио се нови комшија.

– Знате, комшија, постоји и екологија душе. Пензионер Петар Јовановић је душа од човека, а онај тајкун Петар Станковић је многе завио у црно. То је право ђубре од човека.

УНУТРАШЊИ ПРОСТОР

Средоје није био интелектуалац. Није волео школу, није читао књиге, култура га није занимала. Ипак, волео је да филозофира. Једног тренутка, одлучио је да се повуче у себе. Да се потпуно изолује од спољашњег света. И учинио је то.

Лутао је тако по својој унутрашњости, али никога тамо није затекао. Бескрајни ходници су одзвањали празнином. Једног тренутка је узвикнуо: Ало, има ли овде неког? Опет тишина.

Када се вратио у спољашни свет, упитао је једног мудрог човека у чему је ствар. Овај му је смирено одговорио:

– Није то никакво чудо. Пре него што си се повукао у себе, морао си да се изградиш као личност. Да изградиш место у којем ћеш боравити.

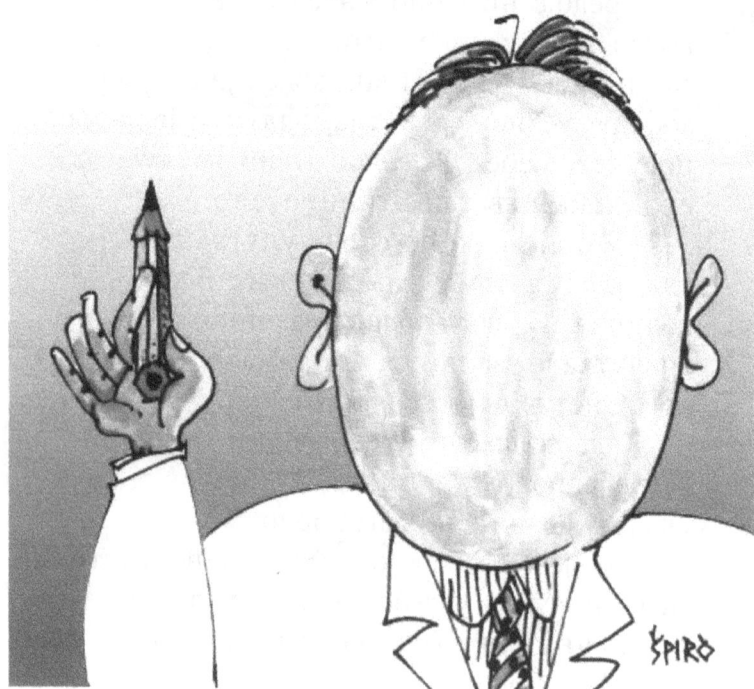

Хлеба и секса.
Остало можемо и сами.

ОТАЦ НА
СЛУЖБЕНОМ ПУТУ

Шта то раде ове наше жене!? Званично истраживање је показало да свако треће дете није дете оца чије презиме носи. Та информација је изазвала поплаву доказивања очинства, које, узгред буди речено, кошта двеста-триста евра. Није мало, али шта кошта да кошта, ако после тога могу жени да кажу свашта.

Многе, додуше, имају оправдање: муж по цео дан у кафани, легне увече са задахом „брље“, и не погледа је. Ујутро му све смета, а посебно жена, свака ситница изазива његов бес. Што рече једна гарава: Отишао ми муж на рад у иностранство, а није ми оставио ни паре, ни кафу, ни ракију... Па, чиме да послужим кума кад дође у посету?

Мужа нема, или као да га нема, а она змија са рајског дрвета вреба ли вреба. Како да здрава и млада жена одоли том искушењу, што се у данашње време и не сматра грехом. То је масовна појава, судећи по поменутом научном истраживању.

И шта сад? Слегнимо раменима и наставимо где смо стали. Само, кад прођеш поред детета на улици, помилуј га, можда је твоје. И учтиво поздрави сваког старијег човека, можда ти је отац.

РОДНА РАВНОПРАВНОСТ

Две девојке су седеле у кафићу и испијале трећи капућино. Одужило се, јер су ватрено коментарисали родну равноправност.

– Зашто директор, кад може и директорка. Зашто судија, кад може и суткиња. Зашто уредник, кад може и уредница... – једна је образлагала своје мишљење.

– А шта ћемо са именицом генерал, неће ваљда генералка. Или пилот, неће ваљда пилоткиња – друга је бранила своје мишљење.

Келнерица која их је служила чула је део разговора:

– Нисам баш образована, али живот помеша родове на свој начин – рекла је и наставила – Ето и свиња може бити мушко.

– Како то? – биле су девојке радознале.

– Очигледно је да нисте удате – насмејала се горко келнерица.

РИЈАЛИТИ СЕКС

Народ је као омађијан туђим сексом. Разумем старије особе, које се радо, али једва сећају секса. Или воајере, на пример. Али сви ти млади људи који занемарују сопствени секс да би уживали у туђем и не сањају на каквом су губитку. И еротском, и духовном, а понајвише на интелектуалном.

Некада је секс био забава сиромашних, па се очекивало да то буде и у овој светској кризи. Нико није очекивао овакав обрт: Чим платим кабловску, сексуално сам се обезбедио. Њихов аргумент је да је ријалити секс најсигурнији секс, јер други се муче и зноје уместо вас.

Није мала ствар кад једног тренутка три милиона људи ужива у једном сексу. То се зове рационализација.

Човек је животиња са
посебним потребама.

ЛАВ ИЗ АЗИЛА

Негде у афричкој савани, на ободу џунгле, један бабун је уобразио да је лав, цар свих животиња. Тако је почео да се понаша: кињио је друге животиње, па и остале бабуне. Зато је овај чопор мајмуна одлучио да га пошаље у азил за умоболне животиње. Депримиран и разочаран неразумевањем околине, седео је на трави у ограђеном простору кад му је пришла једна хијена.

– Здраво, лаве – ословила га је. Бабун је поскочио од изненађења. „Добро да још има објективних створења" помислио је.

– Значи, ти мислиш да сам лав? – промуцао је.

– Наравно, то је очигледно, царе. – рекла је хијена. Бабун није ни стигао да је пита зашто је она у азилу, кад му је она предложила:

– Знаш, ми смо несхваћене, али сродне душе. Зашто не бисмо започели љубавну романсу, тек да прекратимо време у овом казамату?

– Како то мислиш ? – зачудио се бабун.

– Па, ти си лав, а ја лавица, зар то не би било природно? – одговорила је хијена.

ЕВОЛУЦИЈА

Млади шимпанза у зооврту гледао је нека чудна бића с оне стране кавеза и запитао свог оца:

– Тата, каква су оно створења?

– То су ти људи, сине – одговорио је стари шимпанза мрштећи се.

– А, то су они за које се прича да су постали од нас, зар не? – наставио је јуноша.

– Да, да, тако се и прича, а тако је утврдио један њихов научник по имену Дарвин.

– Па, зашто онда нису савршенији и племенитији од нас, кад су напредовали? – био је упоран мали шимпанза.

– Ех, сине, еволуција понекад тече уназад – одговорио је отац резигнирано.

ЗЛАТНА РИБИЦА

Миливоје пецарош је цео дан забацивао удицу на обали једне велике баре. И ништа. Тек кад је сунце зашло, нешто је трзнуло и на струни се појавила златна рибица. Преклињала је Миливоја да је пусти и обећала је да му испуни три жеље. Али, Миливоје није умео да одлучи које три. Пребирао је по глави шта му све треба – и ништа.

– Сачекај мало, да смислим жеље – рекао је рибици.

– Не могу никако, док се ти смислиш, ја ћу угинути на сувом. Него, пусти ме натраг у воду док размишљаш, а кад смислиш, ја ћу бити ту – предложила је.

– Обећаваш да нећеш побећи? – питао је Миливоје.

– Обећавам – рекла је рибица прилично убедљиво.

Нешто касније, Миливоје је смислио три жеље и позвао рибицу. Она се појавила на пристојном растојању и рекла му да од жеља нема ништа.

- Али, обећала си - подсетио је Миливоје рибицу.

- Јесам, али ових дана бирамо шефа баре и налазим се у предизборној кампањи. А знаш и сам, ко је у предизборној кампањи, лаже чим зине - рекла је рибица и заронила.

ЗЕЧЈА ДИПЛОМАТИЈА

Зеца су у истом тренутку угледали и бе-
логлави орао и мрки медвед. Шчепали су га
заједно.

— Мој је — кликтао је орао.

— Ја сам га први видео — брундао је медвед.

Зека се трудио да се искобеља :

— Чекајте, пријатељи, и ја се ваљда не-
што питам. Дозволите да ја одлучим ко ће
да ме поједе — рекао им је.

Орао и медвед су се поколебали, па
ипак, дозволили зецу да изабере џелата.

— Добро, не могу тако ад хок да одлу-
чим-рекао је. — Да видим ко шта нуди.

И орао и медвед су почели да се надмећу
у понудама. Медвед му је обећавао да се
неће мучити, већ ће га смазати у једном
залогају. Орао се понео демократичније:
дозволио му да бира начин. Или печеница
или гулаш, на пример...

Зец се нећкао:

– Ово не може да се реши без дугих преговора. Ево, отварам конференцију на ту тему – рекао им је.

И конференција је почела. И једна и друга, па и трећа страна остајале су при својим захтевима. И шта се десило: оптимисти су причали како се конференција одужила, те су и орао и медвед угинули од глади. Песимисти су тврдили да их зец није дуго замајавао, него су велике силе брзо нашле заједнички језик. У то име, приређена је свечана вечера.

Служен је зечји гулаш.

БЕЛЕШКА О ПИСЦУ

Драгутин Минић Карло рођен је у Крушевцу где је учио гимназију. Археологију је студирао у Београду. Ту и сада живи. Иза себе има богату књижевничку и новинарску каријеру: био је главни уредник Политикиних РТВ ревије и Магазина плус. Био је и уредник у Ошишаном јежу.

И док је био у новинама, писао је и уређивао сатиру. Имао је колумну у РТВ Ревији „Мање више минус", три године је имао сатиричну колумну у Блицу „Југоисточно од раја", а сада уређује у Политици рубрику „Сатирикон" и на теми недеље има своје место: „Карлов угао". Тренутно је и председник Секције сатиричара у Удружењу књижевника Србије.

Аутор је петнаест сатиричних књига, од прича, афоризама, до сатиричног путописа. Добио је готово све престижне

награде за књижевну и новинску сати-
ру: Златни јеж, ВИБ-ову награду (која се
додељује сваке пете године), Златну кацигу
у Крушевцу, „Драгиша Кашиковић“, „Јован
Хаџи Костић, панчевачки „Зелени афори-
зам“, и као круну свега награду „Радоје
Домановић“, једном за књигу године, дру-
ги пут за укупан допринос српској сатири.

Од страних награда, добитник је награ-
де „Вуко Безаревић“ у Пљевљима, и свет-
ски значајне Алеко у Бугарској, коју су до-
били многи познати светски писци, а од
Срба Владимир Булатовић ВИБ и Радивоје
Бојичић. Такође, додељена му је прва награ-
да за сатиричну причу на 12. црногорском
фестивалу хумора и сатире у Даниловграду.

Аутор је и сатиричне монодраме за мла-
де „Маторци или та несносна створења“,
која је имала премијере у Крушевачком по-
зоришту и београдском позоришту „Бош-
ко Буха“, а играна је преко 5оо пута широм
земље.

Превођен је на више језика, а заступао
је српску сатиру по целом свету.

САДРЖАЈ

Драгутин Минић
МИНИ ПРИЧЕ

Уредник:
Драган Миленковић

Графички уредник:
Милица Протић

Илустрације:
Шпиро Радуловић

Рецензија:
Мирослав Јокић

Лектор:
Нина Савчић

Издавач:
ИП „Просвета“ а.д. у реструктурирању
Београд, Кнеза Михаила 12

За издавача:
Драган Миленковић
в.д. генералног директора

Штампа:
Графипроф - Београд

Директор:
Слободан Филиповић

Тираж:
300